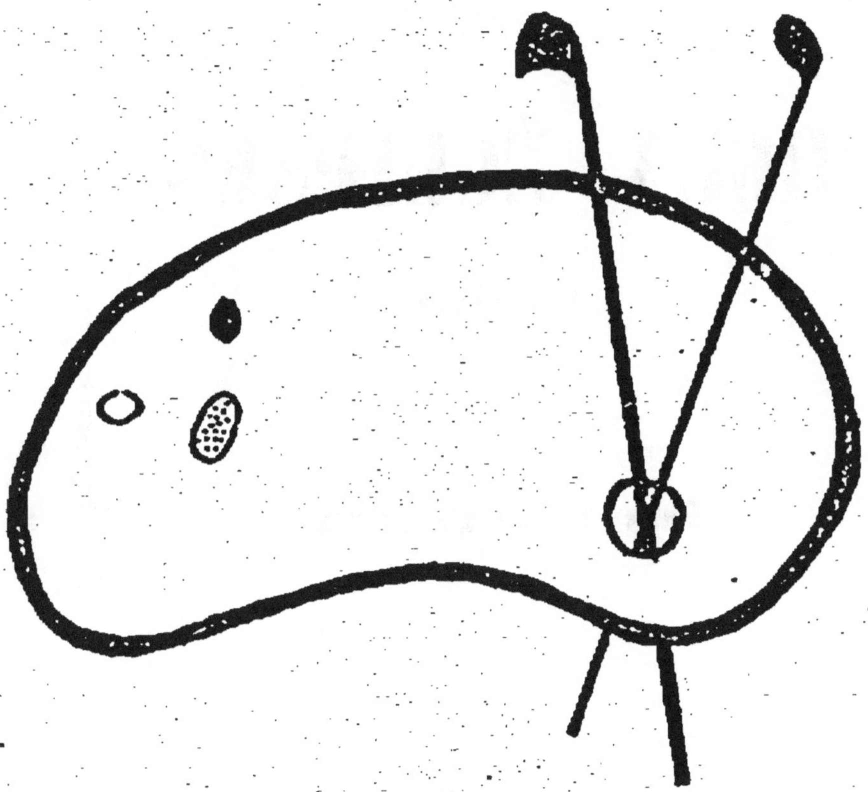

DEBUT D'UNE SERIE DE DOCUMENTS
EN COULEUR

LES

DEUX ÉCLIPSES

1792-1842

PAR

ÉMILE BARRAULT.

PARIS
LEDOYEN, LIBRAIRE-ÉDITEUR,
PALAIS-ROYAL, GALERIE D'ORLÉANS, 31.
1842

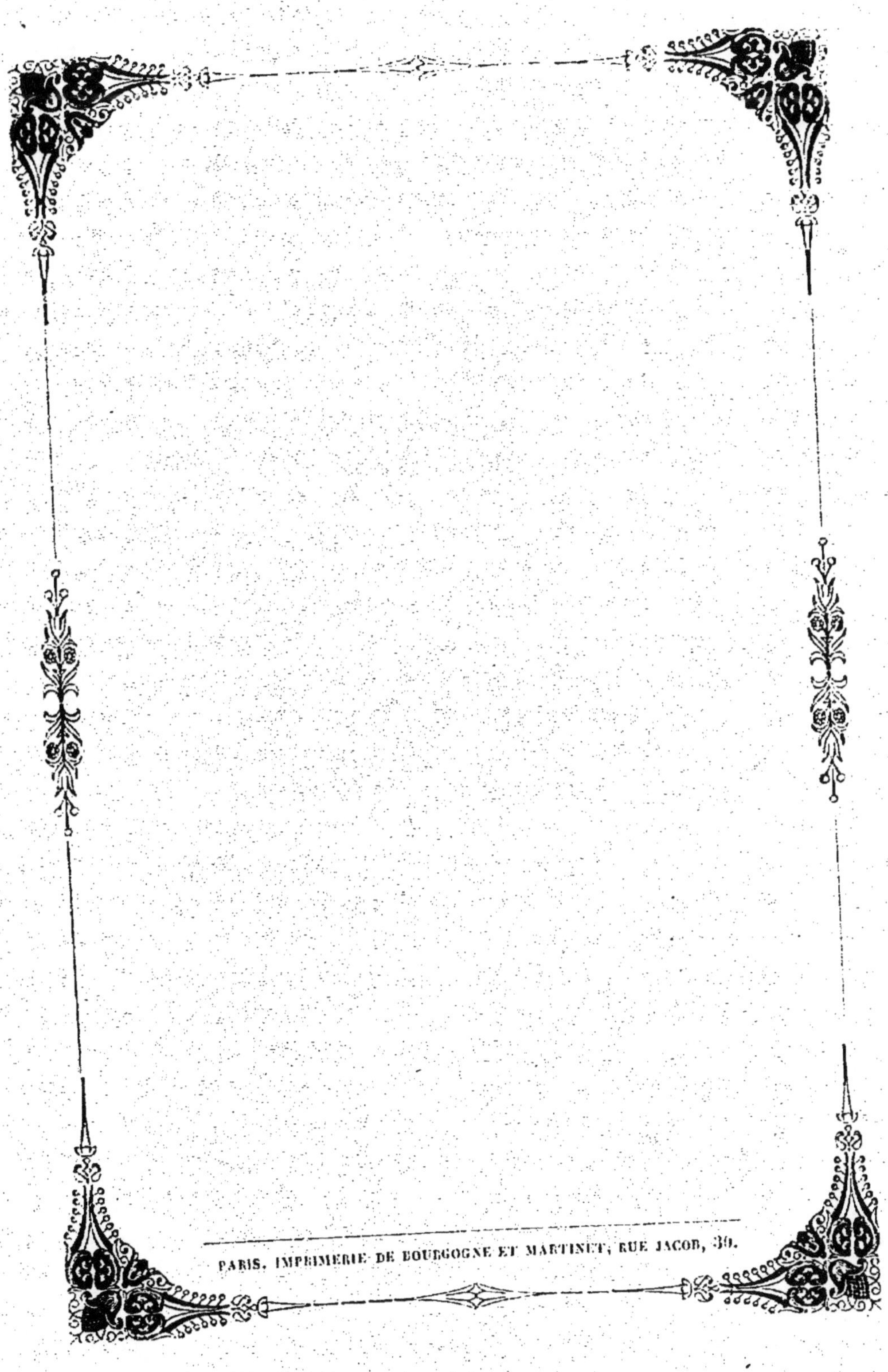

PARIS, IMPRIMERIE DE BOURGOGNE ET MARTINET, RUE JACOB, 30.

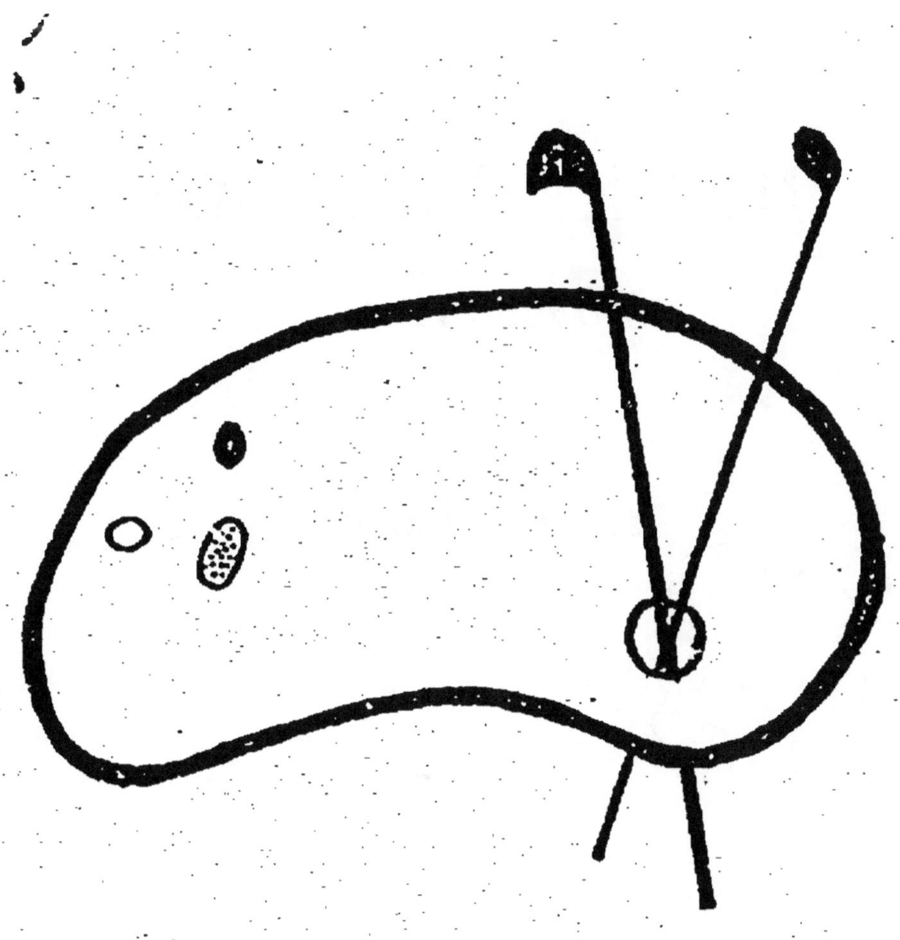

FIN D'UNE SERIE DE DOCUMENTS
EN COULEUR

LES

DEUX ÉCLIPSES

1792—1842

PAR

ÉMILE BARRAULT.

PARIS,
LEDOYEN, LIBRAIRE-ÉDITEUR,
PALAIS-ROYAL, GALERIE D'ORLÉANS, 31.
1842

PARIS. — IMPRIMERIE DE BOURGOGNE ET MARTINET,
Rue Jacob, 30.

Toi dont la face d'or, à l'heure où surgit l'aube,
De l'astre au visage d'argent
Rencontra le masque outrageant,
Et d'une aurore en deuil obscurcit notre globe
S'éveillant à la nuit sous ton jour indigent,
Tel qu'un spectre de feu voilé d'un casque sombre,
En sinistres reflets toi qui rayonnas l'ombre,
Soleil, que nous présages-tu?
Dans ce jour sans matin que nous fit ton éclipse
Ne nous as-tu montré qu'un signe sans vertu?
En dédaignerons-nous la pâle apocalypse
Lorsqu'à ce jour fatal le jour donnant la main

De clocher en clocher éveillera la France,
Quand déjà court ce cri de crainte et d'espérance,
Une Chambre naîtra demain !
Pourquoi sur son berceau cette clarté nocturne?
Du hasard n'est-ce qu'un vain jeu
Que ce signe planant sur l'urne,
Une énigme sans mot, ou l'oracle de Dieu?

Hélas! fût-il divin, l'oracle est équivoque.
D'un symbole muet la souple obscurité
Ne sait rien refuser au vœu qui le provoque;
A qui dit-il la vérité?

Les yeux levés au ciel, voyez comme il se cambre,
L'intrépide accoucheur de la nouvelle Chambre!
Déjà s'ouvrent ses bras, et le centre a souri;
Sur la foi du soleil, dans sa course tari,
La majorité croit renaître de sa cendre.
Mais la gauche a séché les larmes de Cassandre;
Du soleil de juillet craindrait-elle un revers?
Thiers lance à Guizot cette éclipse en menace,
Et vers le portefeuille il a bondi; tenace,
Guizot a mis l'éclipse au compte de Thiers.
« L'astre de juillet meurt, et mon Dieu le rejette, »

Dit l'abbé dominant trône et club de l'autel,
Sous la robe de lin clerc de Machiavel ;
« Dieu réserve la manne à nos temps de disette,
» Et là-haut imprimant ce que dit ma gazette,
» Vous promet un grand prêtre, un grand ministre, un roi ;
» J'en jure par Villèle, et Villèle par moi ! »
Qui rêve en soupirant l'ange de la pairie?
Martyr-né du grand-maître, en grand-maître futur,
Sur l'Université, cette autre Samarie,
Il plante de Sion le rudiment plus pur
Qui change un lycéen en sainte de Hongrie.
Pour tous luit le soleil, même en ne luisant pas ;
Malmaison et Madrid en triomphent tout bas.
Le terroir italique a repoussé l'Autriche,
Qui dort sur son Vésuve en veillant des deux yeux.
Avec sa jeune charte un jeune sultan triche,
Sous son disque écorné caduc et radieux.
Pétersbourg ne rit point; le Russe bicéphale
Plaint de ses embarras le léopard anglais,
Et l'attire en espoir à de nouveaux filets.
Cependant, sur les flots maîtresse sans rivale,
Du pavillon français par Guizot défendu
Albion voit l'honneur à sa poupe pendu.
Ses bonnes actions ont leurs jours d'échéance.

De la rançon des noirs dont elle fit l'avance,
Elle exige aujourd'hui le montant; c'est bien dû.
Sait-on pas qu'elle vend tout ce qu'elle fabrique?
Son œuvre charitable, au prix fort des chalands,
Vaut la garde des mers et la clef de l'Afrique
Qu'en respectant les noirs elle prend sur les blancs,
Grâce aux adroits traités que son zèle machine.
La France le conteste, et jusque dans la Chine
Qu'assombrissent les traits de l'oracle ambigu,
L'opium tour à tour est vainqueur ou vaincu.
Pékin contre l'Anglais s'érige en astrologue,
Et le condamne à fuir, tandis qu'à l'horizon
Londres en ce labarum voit triompher sa drogue,
Et tous les mandarins convertis au poison!
Ainsi change d'aspect de l'un à l'autre pôle,
Suivant les vœux divers, le ténébreux symbole;
En rechercher le sens, c'est perdre la raison.

Quoi! si du cœur humain l'instinct involontaire
Rattache aux mouvements des cieux
Le fil des destins de la terre,
Serait-il sans raison né superstitieux?
Pourquoi donc, à travers l'espace
Où l'homme suit sa route à l'abri du hasard,

Ainsi qu'un étranger, veut-on qu'il marche et passe,
Sourd aux signes brillants qui cherchent son regard?
Qui nous dit que Dieu même, où tout vit et s'absorbe,
Qui régit à la fois les astres et les cœurs,
Dans les orbes savants qu'ils décrivent en chœurs
N'ait pas entrelacé son orbe,
Et par un fraternel accord
Uni, comme la voix au geste,
Comme l'écho fidèle au son vibrant encor,
Le phénomène humain à l'incident céleste?
Pour lui-même histoire! Et qui sait
Si de l'hymne sans fin, que le monde profère,
Le rhythme ne veut pas que ma langue à la sphère
Réponde verset pour verset?
Si, quand Dieu de lumière et d'ombre
Sur le cadran des cieux marque un moment fatal,
Soudain, comme un vivant métal,
L'homme ne traduit pas le chiffre par le nombre
En sonnant l'heure inscrite en un muet signal?

Eh bien! quelle est cette heure, et de quel fait étrange
Le monde offrira-t-il le spectacle lointain?
C'est le monde lui-même, oui, qui partout se change,
Et, marchant d'un pas ferme à son nouveau destin,

De degrés en degrés suivant sa route ardue,
Vers la lumière sainte à flots purs descendue
Il gravit, entraînant jusqu'au suprême bord
Des purs Conservateurs la phalange qui boite,
Législateurs à gauche et prophètes à droite,
Fier, et ne s'arrêtant qu'au sommet d'un Thabor!
Toute barrière tombe et tout peuple y converge,
Tel d'un pied volontaire, et tel comme un troupeau
Que chasse en l'effarant le courroux de la verge;
Tous passent au chemin où meurt la vieille peau
Poil à poil, plume à plume, écaille par écaille;
Tous se rajeuniront au feu qui les travaille!
D'un lien pacifique ou d'un choc belliqueux
Ils marchent vers ce but et s'y poussent entre eux.

Autour de murs lointains regardez comme il rôde
L'héroïque larron qu'y précéda la fraude!
C'est derrière ces murs d'anathème pétris
Que, dans son propre amour s'isolant en mystère,
A l'ombre d'un rideau tissu de ses mépris,
Un peuple de sa paix insolente la terre,
Sur tout visage humain imprime ses rebuts,
Et, d'un hôte à distance accueillant la visite,
Epurant les rayons qu'un souffle a corrompus,

Au repas qu'il lui vend le nomme un parasite;
Tel qu'un morne désert vaste empire latent,
D'un huis-clos dédaigneux perpétuant l'insulte,
Monde antique encor neuf dans son aînesse occulte,
Son seuil oriental résiste à l'Occident!
Donc, vienne à pénétrer sous cette voûte épaisse
Par tous les rhombs du vent l'air vital de l'espèce!
Que, sous des flancs contraints en fruit mort végétant,
Dans le cœur du Chinois le cœur humain palpite!
Que l'empire céleste, à la terre rendu,
Dans un arc sympathique aux arcs de notre orbite
De l'axe qui nous meut ressente la vertu!
Or, voici qu'à ces murs frappe un coup, puis un autre
D'un empire fermé l'agresseur complaisant,
Le vengeur des blocus, l'hôte en tous lieux présent!
Déjà l'Anglais y touche, il l'ébranle, en apôtre
Qui, sur la brèche en feu, s'ouvre des débouchés;
Que, parmi les vaincus et les villes en cendre,
La spéculation lance en fier Alexandre
Pour l'immense atelier conquérant de marchés;
Qu'aiguillonne, non pas le laurier de la route,
Mais des docks s'encombrant la denrée en effroi,
Et des drapeaux ailés du négociant-roi
La noble inscription, victoire ou banqueroute;

Que glorifie enfin sous un chiffre exalté
Aux fastes de la Bourse un triomphe coté ;
D'un sordide intérêt propagateur barbare
Que Dieu poussa partout, Dieu qui frappe et répare,
Et dans ses plans secrets suscite les fléaux,
Comme aux mondes germants prélude le chaos !
Qu'importent ses succès ? Dès que saigne une proie,
De tous les concurrents par le sang conviés
Autour du premier coup la rage se déploie,
Et le coup est suivi de traits multipliés.
Hélas ! c'en est donc fait du *statu quo* céleste !
L'empire est démuré ; le temps fera le reste.
Voyez, sur les débris du triste paravent,
Paraître à tous les yeux sous sa face insolite
Pékin, de cent rayons centre cosmopolite,
De l'hospitalité sanctuaire vivant !
Nous aimons tant les noirs, nous aimerons les jaunes,
Et de Noé bientôt les fils long-temps perdus,
Malgré leurs teints divers, en dépit de leurs zones,
Reprendront leurs banquets par Babel confondus.

Mais lorsqu'au bout du monde Albion renouvelle,
Verra-t-elle passer sur sa propre maison,
Sans l'ébranler jamais, le vent qui de son aile

Du rajeunissement amène la saison ?
Au milieu des trésors qu'entassent en cette île
D'une vaste fabrique et d'un monde client
Les filons sous la main toujours multipliant,
Plus que tout le Pérou double mine fertile,
Parmi tant de produits qui gorgent l'univers,
Le peuple, exempt des maux que tout peuple a soufferts,
Vit-il satisfait ? Oui, certe, et comme à la peine
Il prend sa part, sans doute il la prend à l'aubaine.
Là, jamais on ne vit côte à côte marchant
La soie et les haillons, la faim et la pléthore,
Et dans un rang humain son travail le restaure,
Ce peuple fortuné ; quel spectacle touchant !
Quel exemple!... Tout beau ! Nommons-le notre frère,
Car il souffre, et mérite un destin moins contraire.

Sous le ciel il n'est point un pareil travailleur ;
Nul bras n'est plus robuste et nul outil meilleur.
Qu'il creuse, ou fonde, ou forge, ou tisse, ou torde, ou taille,
A la matière étreinte en son champ de bataille,
Nul, d'un cœur plus sanguin, n'a porté le défi !
De ses muscles de chair l'effort n'a point suffi.
Des cyclopes d'airain dont la vapeur est l'âme,
Il enfante le peuple aux muscles d'acier,

Qu'à ses labeurs croissants il ose associer,
Pour un travail sans fin peuple né dans la flamme,
Et qu'il nomme, à l'orgueil du rude compagnon,
Des travailleurs rivaux la dernière raison!
Nul coin dans l'univers que pour lui l'on ne fouille.
Aux bords de l'atelier chaque flot expirant
Y jette, brute encor, mainte et mainte dépouille
Que chaque flot qui fuit en ouvrages reprend
Pour les distribuer à tous les bords qu'il mouille!
Et souriant au flux, au reflux souriant,
Parmi cent bruits divers dont le concert bruyant
Se prolonge en échos sous son dôme de brume,
Haletant, jour et nuit, de son œuvre qui fume,
Du pouvoir créateur qu'en nos bras a mis Dieu
Nul n'a mieux accompli la merveille... Qu'on pèse,
Quand le sceptre royal se promène en tout lieu,
Dans ce sceptre doré le bras de fonte anglaise!
Eh bien! l'ignorez-vous? Si fécond pour autrui,
Ce bras qui produit tant ne produit pas pour lui!
C'est peu que ses patrons chicanent son salaire!
D'innombrables ressorts que le réseau lointain
Se relâche ou subisse un accident soudain,
Le contre-coup détend la machine insulaire!
Tout chôme... Et l'estomac? Chômer n'est point son fait

Vantez votre sagesse et cet ordre parfait,
Conservateurs anglais dont Guizot est l'émule!
De votre art impuissant admirable formule,
Qui du pauvre ouvrier, sans cure et sans merci,
Au hasard du combat résigne le souci!
Ah! que vous contemplez d'un regard moins stoïque,
Près du peuple amaigri l'embonpoint des barons,
Et que votre prudence entend mieux l'art inique
Qui d'un suc toujours gras fait resplendir leurs fronts!
En vos savants discours quel sens économique!
« Bon peuple, dites-vous, crois tes bons conseillers!
» De l'avide étranger serais-tu tributaire?
» La Cérès exotique est pleine de graviers,
» Et nous t'offrons l'épi de la Vieille-Angleterre
» Jauni sous son ciel pur, germé dans son terrain,
» Indigène, et coûteux... Va! mange notre grain!
» La loi que nous faisons t'y condamne, et t'exempte,
» Si tu ne peux payer, du devoir de manger.
» Va! périsse avant tout le froment étranger!
» La grêle sur nos champs serait moins malfaisante!
» Peuple libre, sois sobre, et ne dis plus enfin
» Que, pour vendre nos blés, nous conspirons ta faim! »
Donc, un tel peuple est libre? ô railleuse chimère!
De la glèbe affranchi, par la gerbe opprimé,

N'est-il donc pas vassal s'il peut être affamé,
Si dans chaque bouchée, entre ses dents amère,
Son pain quotidien acquitte sa rançon,
Et le Normand encor pèse sur le Saxon?
Va donc, peuple, vieux serf qu'étreint entre ses mailles
De leurs avares lois le code trop jaloux,
Porte en hôte criard la faim dans tes entrailles,
Tends ton bras à l'aumône et clame un cri de loups!
Jusque dans son secret ils sauront ta détresse!
De tes maîtres déjà capitule l'adresse,
Et, pour combler le vide ouvert dans le trésor,
N'osant de tes sueurs extraire le grain d'or,
Ils font à leur toison un larcin légitime;
La pudeur de la terre a consenti la dîme...
Exemple profitable à qui veut conserver!
Quand on ne sait rien perdre, a-t-on l'art de sauver?

Avec le siècle enfin mettez-vous en cadence,
Et des plans obstinés quittez les vains soucis,
Sages Conservateurs aux cerveaux rétrécis,
Qu'emprisonne à l'ornière une aveugle prudence!
L'arrêter? Il résiste, et vous meurtrit au front.
En comprimer la sève? Il brise, éclate et rompt.

Guidez, sans l'opprimer, sa fière indépendance.
Pourquoi, s'il vous souvient du précepte divin,
Verser l'esprit nouveau dans la forme vieillie,
Et sous un cercle en fer croire qu'un jeune vin
Au fond de vos tonneaux dorme en paix sur la lie?
Vous qui, raillant du siècle un sûr pressentiment,
Loin de le diriger vers le monde qu'il rêve,
A l'immobilité, sur votre morne grève,
Tentez de ses instincts l'incorrigible aimant;
Vous dont l'étroit génie échoué sur la côte
S'y fixe, et sans sonder de l'œil, du doigt, du plomb,
L'horizon nuageux, les flots d'une mer haute,
Invente chaque jour sa prudence, et selon
Les besoins renaissants dont la journée est pleine,
En courts expédients usant sa courte haleine,
Égale Robinson et méprise Colomb,
Je vous le dis toujours : Voici la nouvelle ère!
Il faut que notre monde enfin se régénère.
Secondez nos efforts, et vous serez bénis!
Sur leurs ailes battant au bord de leurs vieux nids
Frémissent les aiglons, prêts à chercher une aire
Sans vous, si vous voulez étouffer leur essor.
J'entends : vous espérez le maîtriser encor,
Et votre Chambre aidant, renouvelant l'épreuve,

De ce succès d'un jour vous serez triomphants...
Faut-il donc qu'à vos yeux le ciel en vain se meuve ?
L'éclipse, direz-vous, ne fait peur qu'aux enfants.
Mais lorsque terre et ciel parlent la langue neuve,
Que ne comprenez-vous, Conservateurs si mûrs,
Ce que la terre annonce en pronostics trop sûrs ?
Toutefois de ce ciel, étalant sur sa plage
D'un soleil désastreux le matinal naufrage,
Raillez moins, et songez que du club souverain,
Dont le trône en montagne et le sceptre d'airain
Ont laissé parmi nous la date ineffaçable,
Une éclipse obscurcit les portes s'entr'ouvrant,
Et mûrit pour la mort un vieux monde expirant !
Au ciel, comme en ce jour, au ciel et sur le sable,
Tout marquait de ce temps le deuil inconsolé.
Grâce à Dieu, sa colère épuisa la ruine.
Mais il reste à bâtir : cette œuvre est plus divine.
Allez, et, devançant l'avenir révélé,
Léguez à nos enfants un joyeux jubilé.

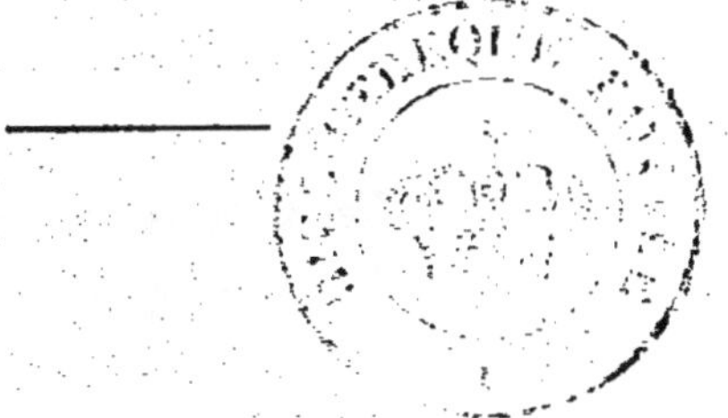

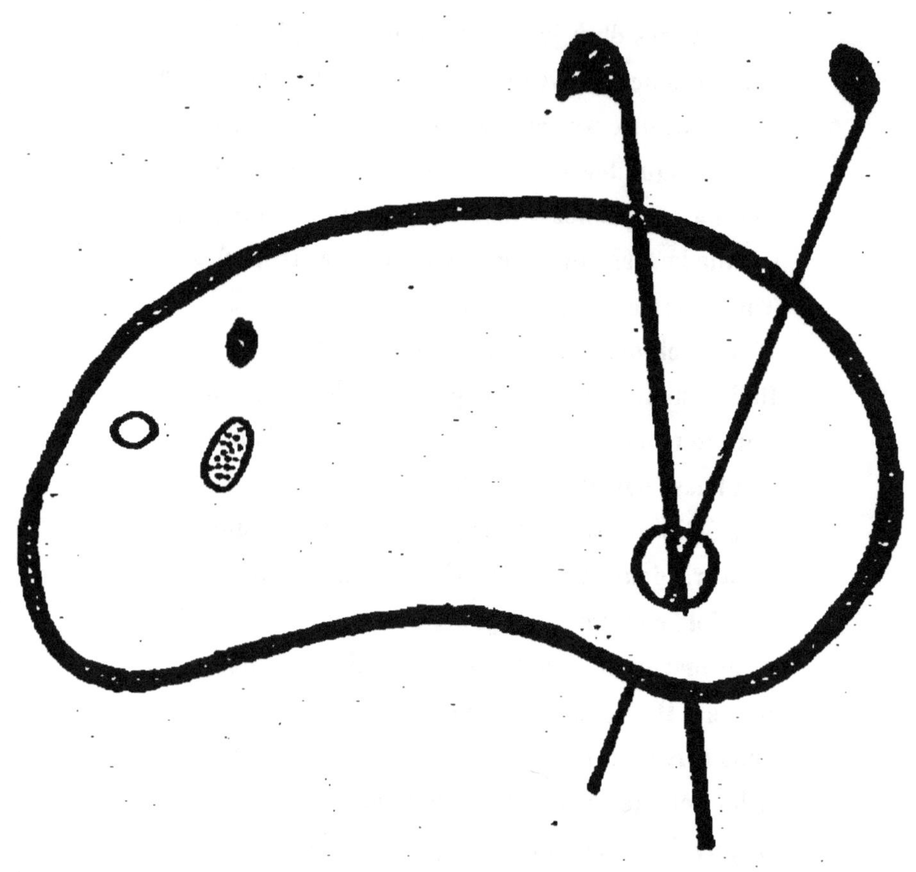

www.ingramcontent.com/pod-product-compliance
Lightning Source LLC
LaVergne TN
LVHW020456230826
846091LV00008BA/3226

* 9 7 8 2 0 1 6 1 2 4 6 5 9 *